LE CHIEN D'ALCIBIADE,

COMÉDIE EN UN ACTE ET EN VERS

PAR

M. ÉLIE R.....

PRIX : 1 FRANC.

SAVENAY.

CHEZ CHARLES ROY, IMPRIMEUR-LIBRAIRE.

NANTES.

CHEZ LES PRINCIPAUX LIBRAIRES.

1850.

LE CHIEN
D'ALCIBIADE.

COMÉDIE EN UN ACTE ET EN VERS

PAR

M. ÉLIE R..... *[Cemgnard]*

SAVENAY.

CHEZ CHARLES ROY, IMPRIMEUR-LIBRAIRE.

NANTES.

CHEZ LES PRINCIPAUX LIBRAIRES.

1850.

[illegible]

A MON FRÈRE, AUGUSTE R.....

PERSONNAGES :

ACTEURS :

PERSONNAGES :	ACTEURS :
ALCIBIADE.	MM. SANDRE.
SOCRATE.	ROCHE.
CLINÉAS, sculpteur.	ANDRÉ.
ARISTON, banquier.	LEMONNIER.
MARSYAS, poète parasite.	CRAMOISAN.
PROCLÈS, avocat.	XAVIER.
LAYS, maîtresse d'Alcibiade.	Mmes BONNARD.
PHRYNÉ, maîtresse de Clinéas.	GEORGINA.
UN ESCLAVE.	
PLUSIEURS ESCLAVES.	

La scène est à Athènes, chez Alcibiade.

LE CHIEN
D'ALCIBIADE.

SCÈNE PREMIÈRE.

ALCIBIADE seul.

ALCIBIADE.

La sotte ville, ô Dieux ! que la ville d'Athènes ,
Et, pour y vivre un jour, qu'il faut prendre de peines !
Non , je ne ressentis jamais un tel ennui :
L'esprit s'en va , je crois, et l'amour avec lui ! —
Comment vais-je passer toute cette journée,
Dont je commence ainsi la triste matinée ?
En vérité , j'ai peur d'aller, avant ce soir ,
Revoir mes aïeux, tant mon pauvre cœur est noir
Et chargé de soucis ! — Oui, l'amour, la folie
Et l'esprit, dont Athène était jadis remplie ,
Se sont tous exilés ! Ah ! si je savais où,
Je m'en irais, — dût-on encor m'appeler fou ,
Triple fou , débauché, suppôt d'enfer, que sais-je ? —
Les joindre en leur exil , leur conduire un cortége
De francs Athéniens, disciples de Vénus,
De joyeux compagnons , dévoués à Bacchus,
Et qui tous, comme moi, disent : — notre patrie,
C'est le premier endroit venu, pourvu qu'on rie ! —
Il faut qu'Athène ait fait quelque chose à ses Dieux,
Quelque crime bien noir , qui nous rende odieux ,
A moins encor, pourtant, que la sage Minerve

Tremblant que le plaisir un jour ne nous énerve ,
N'ait sur sa ville aimée envoyé quelque sort. —
Pour moi, j'aimerais mieux, par le Styx ! être mort
Que , dans un pareil deuil, laisser fuir ma jeunesse !
Faites-moi donc mourir, ô ma bonne déesse,
Si bien réellement le monde se fait vieux ! —
Quand on meurt jeune, on dit qu'on est aimé des Dieux :
Mourons donc , puisqu'il fait, ma foi, si peu bon vivre ! —
Non , non ; fi de la mort ! fi ! Je ne suis pas ivre ,
Pour sentir en mon cœur de tels dégoûts ; à jeun ,
Je ne dois pas souffrir qu'un chagrin importun
S'empare de mon âme, et je veux au plus vite ,
Sous un de tes baisers, Lays, le mettre en fuite ,
Ou, dans un gai festin , sous les pots le noyer ! —
Par Jupiter ! je suis bien sot de m'ennuyer ! —

(Un esclave paraît.)

Vous enverrez Syphax, messager si fidèle
D'infidèles amours et des chiens le modèle,
Porter à ma Lays cet amoureux billet :
De son collier d'argent vous savez le secret ? —
Allez ! —

(L'esclave sort.)

Lays viendra ; mais, par Vénus ! que faire
Ici , seul avec elle ? — Ah ! quelle grande affaire
Que d'un jour ennuyeux tuer tous les instants ! —
Je crois que je vieillis : je ne suis plus au temps
Où j'oubliais les jours aux bras de ma maîtresse,
Où mon bonheur n'était qu'une longue caresse
De quelque femme aimée et qui m'aimait aussi ,
Dont un baiser était plus fort que tout souci ! —
Malgré moi, de nouveau voilà que je m'attriste ;
Je n'eus, par tous les Dieux ! jamais le cœur si triste ! —

Oui , chassons ce chagrin au bruit d'un gai repas ! —
Si j'écrivais un mot à l'ami Clinéas,
Si joyeux compagnon , lorsqu'on le met à table,
Qu'il n'est pas avec lui de tristesse incurable ? —
Écrivons ! — Sur son cœur l'annonce d'un festin
Va faire son effet. —

(L'esclave reparaît.)

Portez à mon voisin

Clinéas cette lettre. — Esclave ! qu'on se presse ! —
Pour Ariston , cette autre. — Et qu'aussitôt l'on dresse
Un festin en ces lieux. — Je n'aurai que Lays,
Ariston , Clinéas , tout au plus trois amis ,
Pas un seul parasite à bouche délicate ;
Vous mettrez , près du mien , un couvert pour Socrate
Qui peut venir. — Allez ! —

(L'esclave sort , pendant que Lays entre.)

SCÈNE II.

LAYS, ALCIBIADE.

ALCIBIADE.

Je t'attendais.

LAYS.

Et moi ,

Pour t'embrasser , ami , j'accourais près de toi ,
Lorsque j'ai rencontré ton Syphax dans la rue.

ALCIBIADE.

Oui , je te l'envoyais.

LAYS.

Je le sais : à sa vue ,

Mon cœur l'a deviné. J'ai pris , sous son collier ,

Ton billet amoureux, qu'il semblait me prier
De chercher et de lire.

ALCIBIADE.

Oh ! la fidèle bête ! —
Qu'en penses-tu, Lays ?

LAYS.

Je crois que, dans sa tête,
Il loge plus d'esprit que maint Athénien
Qui passe, parmi nous, pour savant.

ALCIBIADE.

Oui, mon chien
Est de ceux dont on peut dire ce mot frivole
Que, s'il n'était privé du don de la parole,
Il déconcerterait sans peine ces docteurs,
Ces sophistes pédants, ces fades orateurs,
Dont chez nous la faconde est de plus en plus vide,
Et dont le cœur surtout est un sillon aride,
Où ne germa jamais un noble sentiment !

LAYS.

Qu'as-tu donc ce matin ?

ALCIBIADE.

Je souffre horriblement ! —
Il est parfois des jours où l'on jouerait sa vie
Sur un seul coup de dés !

LAYS.

O Dieux ! quelle folie !

ALCIBIADE.

Tu dis vrai : je suis fou !

LAYS.

C'est la première fois,

Mon ami, que ton cœur reste triste à ma voix.

ALCIBIADE.

Oui, Lays, et j'ai tort: c'est te faire une injure,
Que ton amour devrait t'épargner; mais sois sûre
Que je suis aujourd'hui plus triste que jamais.

LAYS.

Mais qui t'a donc rendu si triste ?

ALCIBIADE.

Je ne sais.

LAYS.

Comment te consoler alors ? — Faut-il te dire
Que je t'adore, ami, pour te faire sourire ?

ALCIBIADE.

Oui, Lays, aime-moi, car je t'aime !

LAYS.

Mon cœur,
Je le jure, est à toi tout entier.

ALCIBIADE.

O bonheur !

LAYS.

Et je veux, près de toi, passer cette journée,
Pour partager au moins ta douleur obstinée,
Si de te consoler je n'ai plus le pouvoir.

ALCIBIADE.

Ma bonne Lays !

LAYS.

Mais je ne perds pas espoir. —
Et d'abord, j'ai grand faim : commençons, — que t'en
Ce jour néfaste, ami, par déjeuner ensemble. [semble ?—

ALCIBIADE.

Oui , nous allons ici déjeûner tous les deux.

LAYS.

Seuls ?

ALCIBIADE.

Non , pas tout-à-fait.

LAYS.

Oh ! que c'est ennuyeux ! —
Va ! tu ne m'aimes plus hélas ! comme je t'aime !

ALCIBIADE.

Quel soupçon mal fondé !

LAYS.

Non, tu n'es plus le même !

ALCIBIADE.

A quoi vois-tu cela ?

LAYS.

Quand tu m'aimais, jadis,
Tu ne pouvais rester ici, sans ta Lays,
Un seul jour. Aujourd'hui, — je ne sais si mon âme
S'abuse ; — mais je crois que ton ardente flamme
S'ennuie avec Lays bien souvent.

ALCIBIADE.

Tu le crois ?

LAYS.

Oui, tu n'as plus assez de moi, comme autrefois,
Pour passer en ces lieux une journée heureuse,
Loin de tous tes amis, qui s'en plaignaient.

ALCIBIADE.

Peureuse ? —

Tu prétends, pour cela, que je ne t'aime plus ?
Pour te plaire, il faut donc les chasser ? — Par Vénus !
C'est pousser un peu loin, Lays, la jalousie !

LAYS, boudant.

Alors, je me tairai.

ALCIBIADE.

C'est une fantaisie

Qui passera.

LAYS.

Peut-être.

ALCIBIADE.

Oh ! Lays, j'en suis sûr

Et je veux te prouver que ton cœur seul est dur :
Malgré ta jalousie et tes soupçons, je t'aime
Mieux que jamais, Lays, et suis toujours le même. —
Que te faut-il de plus ?

LAYS.

Ton cœur est noble et bon :

Moi seul ai tort.

ALCIBIADE.

Tais-toi ; car j'entends Ariston,

Un de mes invités.

SCÈNE III.

LAYS, ARISTON, PROCLÈS, ALCIBIADE.

ARISTON.

Bonjour, Alcibiade. —

Je t'amène Proclès, un joyeux camarade,
Un convive de plus. — Salut, belle Lays !

ALCIBIADE.

Proclès compta toujours parmi mes bons amis,

Et je suis enchanté de l'avoir à ma table :
Il le sait.

PROCLÈS.

Oui, seigneur.

(Il salue Lays.)

ARISTON.

Toujours plus adorable :
En revanche, toujours cruelle : en vérité,
J'admire sa constance et ta fidélité,
Lays.

LAYS.

La sienne fait la mienne.

ARISTON.

Sur mon âme,
Mon cher Alcibiade, ici je te proclame,
Entre tous les mortels, un mortel bienheureux.

LAYS.

C'est que nul plus que lui n'a le cœur généreux !

ARISTON.

O Dieux ! je suis bien loin de penser le contraire.

ALCIBIADE

Ariston cherche-t-il, ma Lays, à te plaire ?

LAYS.

Un peu.

ARISTON.

Beaucoup. Peut-on ne t'adorer qu'un peu,
Lays ? — Mais c'est en vain que je lui fais l'aveu
De mon ardent amour : le tien m'est un obstacle. —
Je propose, pourtant, de refaire un miracle.

ALCIBIADE.

Lequel donc ? — Ah ! j'y suis ! Celui de Jupiter

Chez Danaé.

LAYS.

Tout juste.

ARISTON.

Oui, je veux l'imiter.

PROCLÈS.

En offrant, comme lui, de te changer en pluie
D'or ?

ARISTON.

Et de diamants ; mais chaque fois j'essuie
Un refus.

ALCIBIADE.

Ah ! Lays, qui ne serait touché
De tant d'amour ! — Mais toi, sais-tu, vieux débauché,
Que ce n'est pas très-bien de chercher à séduire
Ma Lays, et surtout de venir me le dire !

ARISTON.

D'accord ; mais j'en suis fou, mais, là, fou tout de bon !

LAYS, riant.

Prends donc de l'ellébore.

ALCIBIADE.

Ah ! seigneur Ariston,
C'est ainsi que tu sais payer ma confiance ?

ARISTON.

En amour, moi, je dis : chacun pour soi.

ALCIBIADE.

J'y pense,
Un esclave est allé prévenir Clinéas
Qu'il déjeunait ici : pourquoi ne vient-il pas ?

SCÈNE IV.

LAYS, PROCLÈS, ARISTON, PHRYNÉ, CLINÉAS, ALCIBIADE.

CLINÉAS.

Excuse-moi, très-cher, si je me fais attendre. —
Je t'amène Phryné, dont j'essayais de prendre
Le portrait.

ALCIBIADE.

Pour en faire, ami, quelque Vénus ?

ARISTON.

Callipyge ?..

PHRYNÉ.

Oui, seigneur.

CLINÉAS.

Ah! c'est ce bon Plutus,
Ce cher banquier! — Salut, Lays : toujours charmante!

LAYS.

Heureux jour à Phryné!

PHRYNÉ.

Salut, fidèle amante
Du noble Alcibiade!

CLINÉAS.

Ah! ça, nous déjeunons?

ALCIBIADE.

De suite. En attendant, mes amis, promenons
Au jardin; car ici, l'on va dresser la table.

CLINÉAS.

Fais presser : je possède une faim comparable

A la soif d'Ariston.

PROCLÈS.

Quand il a soif, pourtant.

PHRYNÉ.

N'a-t-il pas toujours soif?

ALCIBIADE.

Entends-tu, beau traitant ?

ARISTON.

Certes, j'entends très-bien. — Toutefois, je parie
Que je mettrais à sec un tonneau d'ambroisie
Bien moins vite , Phryné, que tu ne mettrais, toi ,
A sec trois gros banquiers , mais plus riches que moi !

PHRYNÉ.

Oui, sans doute , il faudrait qu'ils eussent tous la bourse
Plus large que la tienne , ami , pour que la source
Put en être tarie ainsi que tu le dis !

LAYS.

Bien répondu , Phryné !

CLINÉAS.

Plutus , je t'avertis
Que tu n'es pas de force à lutter avec elle .

ARISTON.

Non ; surtout en amour.

PHRYNÉ.

C'est bien vrai.

CLINÉAS.

Chère belle ,

Laisse donc Ariston.

ALCIBIADE.

Rendons-nous au jardin ,

Pendant qu'on va dresser la table du festin.

CLINÉAS.

Dis-moi, tu n'attends plus personne?

ALCIBIADE.

Un seul convive,

Socrate tout au plus.

SCÈNE V.

LES MÊMES, MARSYAS.

MARSYAS, timidement.

Peut-être que j'arrive

Un peu tard?

CLINÉAS.

Par Jupin! c'est l'ami Marsyas!

MARSYAS.

Moi-même. — J'ai pensé que le cher Clinéas
Déjeunait avec toi, seigneur Alcibiade;
Et, comme hier au soir, Clinéas, mon Pylade,
M'invita vivement, je crois, pour aujourd'hui,
Je m'en viens déjeuner sans façon avec lui.

CLINÉAS.

C'est vrai. — Je te présente un sublime poète:
Invite-le bien vite au festin qui s'apprête;
Car je m'en voudrais trop d'avoir, sans badiner,
Exposé Marsyas à ne pas déjeuner.

ALCIBIADE.

Clinéas, tu le sais, quand ici je t'invite,
J'invite tes amis.

CLINÉAS, bas.

Ce pauvre parasite

N'a pas mangé peut-être hélas ! depuis deux jours,
Quoiqu'il ait du talent !

ACIBIADE, de même.

Ah ! faut-il que toujours
Le talent meure ainsi de faim, que la sottise
Soit riche à monceaux d'or, que tout la favorise !

CLINÉAS, de même.

Aristophane , ami, ne saurait dire mieux ;
Mais nous n'y pouvons rien , va, le monde est trop vieux. —
Là-dessus déjeunons, s'il est possible.

(Entre un esclave.)

ALCIBIADE.

Esclave,

Tout est prêt ?

L'ESCLAVE.

Oui, seigneur.

PHRYNÉ, à l'esclave.

Ah ! mets surtout la cave,
Ami, si tu m'en crois, à contribution. —
Je prends tes intérêts, tu le vois, Ariston.

ARISTON.

Aussi, pour ma réponse à tant de bienveillance ,
Accepte cette bague.

PHRYNÉ.

Avec reconnaissance ,
Et je veux la garder très-précieusement ;
Car tu ne m'as pas fait de tels cadeaux souvent.

ARISTON.

Méchante , à qui la faute ?

PHRYNÉ.

A toi.

ARISTON.

Je m'en confesse.
Si tu voulais, pourtant répondre, à mon ivresse ?

PHRYNÉ.

Pourquoi ne sais-tu pas la faire partager ?

ARISTON.

Cruelle, quel plaisir as-tu de m'affliger
Ainsi ?

CLINÉAS, qui les a écoutés.

Que ne peux-tu te regarder en face,
Quand tu parles d'amour, pour voir quelle grimace
Odieuse tu fais, Ariston, mon ami !

ARISTON, à part.

Je ne puis pas souffrir Clinéas aujourd'hui.

CLINÉAS.

Qu'en-dites vous, seigneurs ? Qu'en dites-vous, mes dames ?

LAYS.

D'autant qu'il n'offre ainsi que de banales flammes.

ALCIBIADE,

Oui, le gaillard s'en va de Lays à Phryné,
Et sans rougir encor !

CLINÉAS.

Mais le très-cher est né
Dans un si faste jour, et sous un si bel astre,
Qu'il éprouve, en amour, désastre sur désastre,
Malgré tout son esprit, ses trésors de Crésus,
Qui m'ont fait, un beau jour, le surnommer Plutus.

MARSYAS, *passant près d'Ariston ; bas.*

La cruelle Phryné, que vous voulez séduire,
Aime beaucoup les vers : je puis vous en écrire
Pour ses beaux yeux, seigneur.

ARISTON, *bas.*

Non, merci ; je les fais
Moi-même, quand j'en veux.

MARSYAS, *de même.*

Vous les faites mauvais.

ARISTON, *d'un ton de colère.*

N'en ai-je pas le droit ?

(à part.)

Peste soit du poète ! —
Il avait bien besoin de me rompre la tête,
De venir brusquement ici me proposer
Des vers de sa façon !

MARSYAS.

A force de causer,
Nous ne mangerons pas aujourd'hui.

CLINÉAS

C'est très-juste. —
Pour ce mot, Marsyas, je veux faire ton buste,
Vrai ! la première fois que j'en aurai le temps.

ALCIBIADE.

Laissons la place libre aux esclaves.

L'ESCLAVE.

J'attends
Votre loisir, seigneur.

(Ils sortent tous à gauche.)

SCÈNE VI.

SOCRATE, entrant au fond; UN ESCLAVE. — PLUSIEURS ESCLAVES apportent une table servie et achèvent d'y placer des flacons.

SOCRATE.

Esclaves, votre maître ?

L'ESCLAVE.

Il descend au jardin.

SOCRATE.

Qu'on lui fasse connaître
Que je suis en ces lieux. — Mais pour qui ce repas ?

L'ESCLAVE.

Mon maître a des amis.

SOCRATE.

Ne le dérangez pas
Alors : je reviendrai.

L'ESCLAVE.

Seigneur, Alcibiade
Vous attend.

SOCRATE.

Ce festin serait une embuscade
Où ma faible sagesse ici pourrait tomber ;
Je ne veux même pas craindre d'y succomber :
Je m'en vais donc.

L'ESCLAVE.

Seigneur, c'est mon maître lui-même.

SCÈNE VII.

LE MÊMES ; ALCIBIADE, rentrant à gauche. — Pendant les premiers mots de cette scène, les esclaves achèvent de dresser la table ; puis il se retirent.

ALCIBIADE.

Bonjour, Socrate.

SOCRATE.

   Ami, quand ce désordre extrême
Où tu plonges tes jours, dis-moi, finira-t-il ?
Avant le temps, veux-tu donc en rompre le fil ? —
Que te font mes leçons, si tu n'apprends à vivre,
Hélas ! si la folie à la sagesse livre,
Dans ton cœur, des combats toujours victorieux ? —
As-tu donc entrepris de lasser tous les Dieux ?

ALCIBIADE.

Non, mon fidèle ami ; mais je veux que ma vie
Reste le moins possible au chagrin asservie :
Aussi, lorsque mon cœur renferme un noir chagrin ,
Je cherche à l'étouffer sous le bruit d'un festin.

SOCRATE:

Veux-tu de tes dégoûts savoir la seule cause,
Afin de les guérir à tout jamais ?

ALCIBIADE.

     C'est chose
Impossible, Socrate.

SOCRATE.

   Impossible, dis-tu ? —
Oh ! non ; tout est possible à qui suit la vertu !

ALCIBIADE.

La vertu ! — Je connais, ami, ce mot splendide ,

Que tu m'as répété tant de fois : — qu'il est vide !

SOCRATE.

Vide ! — Ce n'est pas lui, crois-le bien, c'est ton cœur,
Qui consume en plaisirs la généreuse ardeur
Que la nature y mit, et que, par ma parole,
Je tente vainement de rendre un peu moins folle.

ALCIBIADE.

Je t'écoute, Socrate.

SOCRATE.

                        Ah ! je te connais mieux
Que tu ne te connais toi-même. — Ambitieux,
Tu rougis, je le sais, de perdre pour ta gloire
Tant de précieux jours à rire, aimer et boire ;
Tu maudis ta paresse et tu restes toujours
Paresseux, mais aussi plus triste en tes amours,
A mesure, — est-ce vrai ? — que tu creuses l'abîme
Où tu jettes toi-même, ami, ta propre estime ! —
Tu ne feras jamais un buveur de sang-froid :
Tu bois pour t'étourdir.

ALCIBIADE.

                        C'est vrai ; tu mets le doigt
Sur ma pauvre blessure et tu la rends plus vive.
Oui, je voudrais pouvoir mener la vie active
Pour laquelle ta voix cherche à former mon cœur. —
Que je ferais sentir le poids de ma valeur
A tous nos ennemis ! Que, par mon éloquence,
J'aurais bientôt réduit au néant, au silence
Tout ce flot d'intrigants, tous ces vils histrions
Qui profitent si bien de nos dissensions !
Athènes reverrait les temps de nos ancêtres ;
Je mettrais en honneur et les arts, et les lettres ;

Avec moi, revivraient les beaux jours où Xerxès
S'enfuyait sans armée : où le grand Périclès
D'Athènes avait fait notre première ville ! —
Mais qu'espéré-je, hélas ? C'est un rêve stérile !
Ah ! l'Attique n'est plus : la Grèce doit périr ! —
Avant ce temps, du moins, je saurai bien mourir :
Et je ne verrai pas succomber ma patrie !....

SOCRATE.

Que l'espoir rentre enfin dans ton âme flétrie ! —
Athènes, qui se meurt, peut revivre par toi,
Si tu sais conserver ton ardeur et ta foi,
Au lieu de t'abrutir chaque jour dans l'orgie :
Sors donc, à mes conseils, de cette léthargie
Où tout périt en toi, l'esprit avec le corps. —
Athènes, tu le dis, se meurt, et tu t'endors !

ALCIBIADE.

Ah ! ta voix, dans mon cœur, arrive comme un baume,
Qui guérit ma souffrance et dont le pur arôme
Rafraîchit tout mon être ! — Ami, je te devrai,
Dans un plus droit chemin, d'être aujourd'hui rentré ;
Et mon âme, tu sais, ne fut jamais ingrate. —
Eh ! quoi, j'ai pu douter du siècle où vit Socrate,
Le puissant Aristote et le divin Platon ?
J'étais donc fou ! Mais j'ai recouvré la raison !

SOCRATE.

Si tu savais combien ce retour me soulage,
Et combien j'ai souffert de te voir si volage
En tes goûts, cher élève, ah ! tu comprendrais mieux
Mon bonheur, dont ici je rends grâces aux Dieux !

ALCIBIADE.

Tu peux t'enorgueillir d'avoir rendu mon âme,

Socrate, à la vertu ! — Ta parole m'enflamme,
Après m'avoir déjà tant de fois consolé ! —
Je me perdais sans doute : elle m'a rappelé
Que je ne devais pas, quand la Grèce sommeille,
Quand Athènes surtout a besoin qu'on l'éveille,
Moi-même succomber à ces chagrins mortels
Où m'ont long-temps plongé des goûts trop sensuels. —
Adieu donc au plaisir, à l'indigne folie,
Dans lesquels j'ai perdu le meilleur de ma vie ! —
Oui, je veux, des talents que tu plaças en moi,
Faire enfin, mon cher maître, un légitime emploi !

SOCRATE.

Ah ! béni soit le ciel qui désormais t'enlève
A tes propres dégoûts, qui me rend mon élève,
Mon cher Alcibiade, et qui prend en pitié
Enfin notre patrie et ma vieille amitié ! —
Tu vas arrêter-là sans doute cette orgie ?

ALCIBIADE.

Tu ne le voudrais pas ? — Mon cœur plein d'énergie
Peut bien la regretter, sois en sûr, à présent ;
Mais j'ai des invités, que ce festin attend :
Comment les renvoyer ? — C'est une impolitesse
Que tu me ferais faire.

SOCRATE.

      Ah ! que cette faiblesse,
Dont je tremble pour toi, ne porte pas malheur
Aux résolutions nouvelles de ton cœur !

ALCIBIADE.

Encor ce dernier jour de folie, et j'abjure
Demain tout mon passé, Socrate, je le jure !

SOCRATE.

Ami, quelle douleur pour moi, si tu changeais !

ALCIBIADE.

Reste, pour soutenir mon cœur en ses projets !

SOCRATE.

Non, je te laisse seul avec ta conscience,
Qui ne saurait vouloir tromper ma confiance. —
Adieu !

ALCIBIADE.

Pourquoi partir ?

SOCRATE.

Quels sont tes invités ?

ALCIBIADE.

Ils viennent, et je veux qu'ils te soient présentés :
Quand tu les connaîtras, tu vas rester peut-être.

SOCRATE.

J'en doute bien.

SCÈNE VIII.

LES MÊMES ; TOUS LES INVITÉS rentrant à gauche, les uns
après les autres, moins LAYS.

ALCIBIADE.

D'abord, voici, mon très-cher maître,
Un avocat savant, que l'on nomme Proclès.

CLINÉAS.

Un puissant orateur, un second Périclès !

PROCLÈS.

Grand merci, Clinéas, de ta plaisanterie !

ALCIBIADE.

Tu connais bien Phryné : de la galanterie

C'est la reine. — Voici le banquier Ariston.

ALCINÉAS.

Pour la philosophie, un Socrate, un Platon ! —
Après tout, par Plutus ! qui de nous, sous l'étoffe
D'un Crésus, ne saurait montrer un philosophe ?

ALCIBIADE.

Puis, voici Clinéas, un charmant compagnon,
Grand sculpteur !

ARISTON.

Qui pourrait faire le Parthénon !

CLINÉAS.

S'il n'était fait.

ARISTON.

Au moins, pourrais-tu le refaire !

CLINÉAS.

Peut-être bien : serait-ce une si grande affaire
Pour quelqu'un qui saurait son modèle par cœur ?
Mais je ne l'aurais pas vite inventé.

ARISTON.

Moqueur !
Tu plaisantes.

ALCIBIADE.

Voici maintenant un poëte :
Marsyas est son nom.

CLINÉAS.

Devant ce rude athlète,
Sophocle, Eschyle, amis, n'ont qu'à bien se tenir,
Si, du principal rang, ils ne veulent finir
Par tomber au second. Il compose un poëme,

Auquel, sans contredit, l'Iliade elle-même,
Si je l'ai bien jugé, devra céder le pas ;
Car rien n'est impossible à ce cher Marsyas !

MARSYAS.

Moque-toi bien de moi, Clinéas.

ALCIBIADE.

Ah ! j'admire
Combien tu sais de tout, et sans peine, te rire !

CLINÉAS.

C'est vrai ; je n'ai jamais pris la vie à rebours :
Vive donc, par Bacchus ! les ris et les amours !

ALCIBIADE.

Eh ! bien, veux-tu rester en notre compagnie,
Mon cher maître ?

SOCRATE.

Oh ! non pas ! — La sagesse est bannie
De tous vos gais festins : je n'y puis prendre part.

PHRYNÉ.

C'est toi qui la bannis, seigneur, c'est ton départ
Qui va, de ce festin, exiler la sagesse.

CLINÉAS.

Très-bien dit, ma Phryné ; j'approuve et je m'empresse,
Au nom de tous ici, d'insister avec toi !

SOCRATE.

Je vous attristerais : vous rirez mieux sans moi ;
Ta verve, Clinéas, sera plus soutenue.

(SOCRATE sort, salué et reconduit par tous.)

SCÈNE IX.

LES MÊMES, moins SOCRATE.

PHRYNÉ.

Je ne vois pas Lays : qu'est-elle devenue ?

ALCIBIADE.

Elle sera restée après nous au jardin.

CLINÉAS.

Il faut l'appeler vite, Alcibiade, afin
Que nous puissions, pourtant, toucher à cette table,
Sur laquelle, à mes yeux, tout paraît délectable.

ARISTON.

Clinéas a raison.

MARSYAS.

C'est aussi mon avis.

CLINÉAS.

Par Jupin ! Je te crois sans grand peine.

ALCIBIADE, appelant.

Lays!

Lays !

(Lays paraît.)

SCÈNE X.

LES MÊMES, LAYS. DES ESCLAVES pour servir à boire.

MARSYAS.

A table enfin !

CLINÉAS.

Oui, que chacun s'empresse !

ALCIBIADE, amenant Lays.

Tu nous oubliais ?

LAYS, à mi-voix.

Non; — pardonne à ma faiblesse! —
Je maudissais encor ce festin ennuyeux,
Qui va troubler, ami, le bonheur qu'en ces lieux
J'étais venu chercher près de toi.

ALCIBIADE.

Sur mon âme,
Tu ne me feras plus, Lays, un pareil blâme;
Car je viens de promettre à Socrate, à l'instant,
De rompre avec ma vie.

CLINÉAS.

Eh! bien, l'on vous attend
Pour commencer la fête, avec impatience :
Venez donc au plus vite, ou j'ouvre la séance.

ALCIBIADE.

Nous voici.

MARSYAS.

Clinéas, bravo! Tu parles d'or.

CLINÉAS, à Ariston.

A toi de présider, à toi notre Nestor!

ARISTON.

Ce privilége, amis, ne m'est guère sensible.

CLINÉAS.

Il te convient, pourtant.

ALCIBIADE. (*)

Montrons, s'il est possible,
Que nous sommes toujours le plus spirituel
Des peuples de la terre, et que l'attique sel

____

(*) Alcibiade, Lays, Marsyas, Ariston, Proclès, Phryné, Clinéas.

N'a jamais usurpé sa grande renommée..

PHRYNÉ.

Fais-nous donc voir ici ta verve accoutumée,
Mon cher Alcibiade, afin que nous riions !

ALCIBIADE.

Le rire fut toujours l'ami de mes flacons.

ARISTON.

Oui , je crois qu'ils fondraient l'humeur la plus mauvaise.

MARSYAS.

Buvons alors !

CLINÉAS.

Non , toi, mange tout à ton aise :
Tu n'es pas grand buveur ; mais ne mange pas trop ,
Et surtout , en mangeant, ne va pas le galop :
Manger trop ou trop vite, ami, c'est indigeste.

MARSYAS.

Ah ! moi, j'ai l'estomac très-complaisant.

CLINÉAS.

De reste
Je le sais, Marsyas : tu jeûnes quand tu veux ,
Et puis, le lendemain , tu peux manger pour deux
Ou bien trois jours.

MARSYAS.

Eh ! bien, n'est-ce pas très-commode ?

CLINÉAS.

Oh ! je ne blâme pas, Marsyas, ta méthode ! —
Chacun fait comme il peut ; mais, crois-moi, cependant,
Contre ton appétit d'aujourd'hui , sois prudent !

MARSYAS.

Le conseil en est bon.

ARISTON.

Voudrais-tu donc le suivre ?

MARSYAS.

Oui.

ARISTON.

Fi de ce conseil ! — Il faut manger pour vivre
Et pardessus tout boire. — Ainsi, mange et bois bien ;
Crois-moi, suis mon avis : il vaut mieux que le sien.

MARSYAS.

J'inclinerais assez volontiers à le croire.

CLINÉAS.

Eh ! quoi, tu ne dis mot, Alcibiade ?

ALCIBIADE, qui rêvait.

A boire !

CLINÉAS.

Très-bien parlé ! Voilà que je te reconnais ! —
On eut dit, par Jupin ! que tu t'abandonnais
A la tristesse !...

ALCIBIADE.

Hélas !

CLINÉAS.

A urais-tu le cœur triste
Aujourd'hui, par hasard ?

ALCIBIADE.

Un peu, mon cher artiste.

CLINÉAS.

Alors, par tous les Dieux ! dis-nous en le sujet :

Nous te consolerons.

ALCIBIADE.

                    Je rêve le projet. —
Tu vas me croire fou , — de réformer ma vie.

CLINÉAS, un peu ironiquement.

C'est une bonne idée , et tu me l'as ravie.

ALCIBIADE.

Quoi ! tu voudrais aussi plus sérieusement
Travailler pour la gloire, ami ?

CLINÉAS.

                    Parfaitement. —
J'en parlais à Phryné, ma foi, quand ton esclave
M'est venu débaucher et poser une entrave
A tous mes beaux desseins.

ALCIBIADE.

                    Que lui disais-tu donc ?

CLINÉAS.

Je lui parlais, avec un certain abándon ,
Du plaisir que j'aurais à me mettre en ménage ;
J'ai touché, je le crois, un mot de mariage...

ARISTON.

A Phryné ?

PHRYNÉ, souriant.

Pourquoi pas ?

PROCLÈS.

                    Oui, pourquoi pas, au fait ?

CLINÉAS.

Je la trouve charmante, et son esprit parfait.

PHRYNÉ.

Tu n'as pas le desscin d'empêcher, je suppose,
Clinéas de songer à moi ?

ARISTON.

                    Je ne m'oppose
Jamais, dans l'intérêt, Phryné, de mon repos,
Aux projets des amis, et je hais les propos
Malveillants.

CLINÉAS.

        Eh ! Phryné, qu'en dis-tu ?

PHRYNÉ.

                 C'est aimable
A lui, cher Clinéas, de m'être favorable.

ARISTON.

Je n'ai pas dit...

CLINÉAS.

      Quoi donc ?

PHRYNÉ.

              Ne le fais pas causer :
Ne vois-tu pas qu'il est en train de se griser ?

ALCIBIADE.

C'est bien vrai, Clinéas, que tu veux pour épouse
Prendre Phryné ?

CLINÉAS.

      Sans doute.

PHRYNÉ.

           En serais-tu jalouse,
Lays, ma belle amie ?

LAYS.

          Oh ! non ; de ton succès
Je suis heureuse

CLINÉAS.

Eh ! quoi ! notre grand Périclès
Put sans blâme, chez nous, épouser Aspasie,
Et je ne pourrais pas, selon ma fantaisie,
Epouser à mon tour Phryné! — Qu'en pensez-vous ?

ARISTON.

On n'est pas obligé de ressembler aux fous.

PHRYNÉ.

Par Bacchus ! Ariston, tu te grises si vite
Qu'on ne peut t'arracher deux mots sensés de suite.

ARISTON.

Je tiens à mon idée.

PROCLÈS.

Oh ! comme c'est galant !

CLINÉAS.

Sais-tu que tu me fais un affront très-sanglant,
Et dont je pourrais bien désirer la vengeance ? —
Mais je veux te montrer d'autant plus d'indulgence
Qu'ici je n'ai pas dit un mot de vérité.

ALCIBIADE.

Vrai ?

PHRYNÉ.

Certes ; j'aime trop ma chère liberté !

CLINÉAS.

Dis-nous, malgré cela, tes projets de réforme ?

ALCIBIADE.

Je suis las d'une vie, amis, si peu conforme
Aux conseils de Socrate, à ses sages leçons ;
Je veux les suivre enfin. — Je l'ai juré !

ARISTON.

                                        Chansons

Que tout cela !

ALCIBIADE.

    Tu crois ?

ARISTON.

                        Oui, par ma foi, j'estime
Que la philosophie, ami, la plus sublime,
C'est, en se réveillant dispos chaque matin,
De rendre grâce aux Dieux, de dire : — par Jupin !
Encore un jour de bon, pour aimer, boire et rire !

CLINÉAS.

Mais pour boire surtout !

MARSYAS.

                        C'est vrai ; fi de ma lyre ! —
Doit-on tenir à vivre en la postérité,
Quand on a bien vécu, fidèle à sa gaîté ?

PROCLÈS.

Quelle abnégation !

ALCIBIADE.

                        Ils ont raison peut-être ;
Et, pourtant, je m'embarque, à la voix de maître,
Sur les flots agités du peuple athénien,
Pour gagner quelque gloire à faire un peu de bien !

CLINÉAS.

Ah ! tu veux aborder la grande politique ?

ALCIBIADE.

C'est par là qu'on arrive à tout.

CLINÉAS.

                        Chose publique !

Je sais trop bien de toi ce que l'on doit penser,
Pour vouloir désormais la tête m'en casser !

PROCLÈS.

Avant, as-tu songé quel sot peuple nous sommes ;
Combien, dans tous les temps, hélas ! nos plus grands
Tant nous montrons toujours de versatilité, — [hommes, —
Ont payé chèrement leur immortalité ?

LAYS.

Cela n'est que trop vrai, Proclès.

MARSYAS.

          Le vieil Homère,
Ce grand fils d'Apollon, des poètes le père,
Que nous avons depuis surnommé le divin,
Qui pourrait dire, amis, s'il n'est pas mort de faim ?

PROCLÈS.

Faut-il te rappeler cette vertu rigide
Dont ne se départit jamais notre Aristide ? —
Athènes se lassa de l'entendre appeler
Aristide le juste et sut bien l'exiler.

CLINÉAS.

Proclès a mille fois raison, Alcibiade. —
Voudrais-tu partager le sort de Miltiade ? —
Il délivra la Grèce aux champs de Marathon
Et, pour sa récompense, il mourut en prison.
Sans doute, on sut depuis relever sa statue ;
A ses mânes un jour justice fut rendue ;
Mais en est-il moins mort en prison ?

ARISTON.

          Thémistocle
Ne s'est-il pas tué dans l'exil ?

MARSYAS.

                              Et Sophocle
Ne fut-il pas un jour , enchaîné par le cou ,
Traîné par ses enfants, qui le traitaient de fou ,
Devant l'aréopage ?

PHRYNÉ.

                    Où j'ai paru moi-même ,
Où ma tête innocente a frisé l'anathème !

LAYS.

Oui , d'obscurs ennemis, jaloux de ta beauté ,
Osèrent t'accuser un jour d'impiété ;
Mais ils avaient des yeux ceux-là qui t'ont jugée :
Ta divine beauté, Phryné, t'a protégée,
Après avoir failli d'abord te perdre.

CLINÉAS.

                              Hélas !
Vous oubliez encor que le grand Phidias
Fut accusé d'avoir pour lui mis en réserve
De l'or qu'on lui donnait pour mouler sa Minerve.

PROCLÈS.

Tu ne le vois que trop, Athènes n'eut jamais
Que de l'ingratitude , ami , pour des bienfaits : —
La vertu, la beauté , les arts , la poésie,
Le courage guerrier, devant la jalousie
Du peuple athénien ; hélas ! rien n'est sacré !

ALCIBIADE.

Je connais mieux que toi son cœur dénaturé ,
Sa jalousie ainsi que son ingratitude
Pour toute gloire acquise , ou pour toute aptitude. —
Si je veux sa faveur, c'est donc pour consacrer

Mes efforts et mes jours à le régénérer !

PHRYNÉ.

Régénérer Athène !

PROCLÈS.

Ah ! c'est peine perdue
Que d'en tenter l'essai !

ALCIBIADE.

Mon âme est résolue,
Pour arriver au but, à braver la prison
Où mourut Miltiade, et la proscription
Qui put frapper un jour notre juste Aristide ! —
Je sais que j'entreprends une œuvre bien aride ;
Mais je suis fort comme eux et je saurai mourir,
Si Minerve d'en haut ne me veut secourir !

LAYS.

Bravo, mon noble amant !

MARSYAS.

Je bois à ta victoire !

ARISTON.

J'admire ton dessein, je le crois méritoire ;
Mais je douterais moins, ami, de ton succès, —
Excuse cet avis ?...

ALCIBIADE.

Dis !

ARISTON.

Si tu commençais
Par te régénérer toi-même.

ALCIBIADE.

Si l'orgie
De ton âme fragile a détruit l'énergie,
Crois que, sans me souiller, elle a glissé sur moi :

Je suis Alcibiade encore !

ARISTON.

Oh ! Je le crois. —
Pourtant, des gens rangés tu n'es pas le modèle :
Ta réputation....

ALCIBIADE.

Et si je vaux mieux qu'elle!

ARISTON.

Ce n'est pas ce qu'on dit.

ALCIBIADE.

Et que dit-on alors ?

ARISTON.

On jette sur ton compte, enfin, pas mal de torts!....

ALCIBIADE

Parle donc, puisqu'ainsi la langue te démange.

ARISTON.

Il n'est pas une voix qui chante ta louange ;
On dit plutôt de toi : — c'est un ambitieux,
Le roi des débauchés ; il méprise les Dieux!...

ALCIBIADE.

Continue.

ARISTON.

On raconte une suite nombreuse
De nocturnes méfaits ; ta farce scandaleuse
D'avoir dit le secret des fêtes d'Éleusis,
Et d'en faire souvent d'équivoques lazzis,
Est d'Athènes toujours, cher ami, la chronique.

ALCIBIADE.

Est-ce tout ?

ARISTON.

Non , vraiment ; mais ici je t'indique ,
Sans vouloir préciser , quelques-uns des propos
Que les Athéniens te mettent sur le dos.

ALCIBIADE.

Et tu conclus de là ?...

ARISTON.

Qu'il te faut de courage ,
Pour vouloir, malgré tout , demander leur suffrage.

ALCIBIADE.

Sans doute, à ton avis , je ne l'obtiendrai pas ?

ARISTON.

Non. — Avant de me mettre en de tels embarras ,
Pendant un an ou deux , si j'étais à ta place
Et briguais la faveur de notre populace ,
Je me cacherais.

ALCIBIADE.

Oui , pour te faire oublier.

ARISTON.

Non , certes ; mais bien pour me faire amnistier.

ALCIBIADE.

Que tu connais le peuple , Ariston !

ARISTON.

Mieux peut-être
Qu'on ne pense.

ALCIBIADE.

Je veux t'apprendre à le connaître. —
Ainsi, de moi l'on dit, Ariston , force mal :
Je passe, aux yeux de tous , pour un être immoral,
Un homme débauché , bien plus , pour un impie ;

Il semblerait, enfin, que la ville m'épie,
Qu'elle me déteste ?

ARISTON.

Oui ; c'est ma pensée.

ALCIBIADE.

Eh bien !

Je vais te parier qu'on ne dira plus rien
Dès demain, si je veux, sur mon compte.

ARISTON.

Impossible !

ALCIBIADE.

Parions ?

ARISTON.

Volontiers.

ALCIBIADE,

Un festin exigible

Dans huit jours ?

MARSYAS.

Bonne idée !

ALCIBIADE.

Et, pendant ce temps-là,

De mon faste je vais étaler tout l'éclat.

ARISTON.

Et tu veux que de toi personne ne s'occupe ?

ALCIBIADE.

Oui, pour te bien montrer que je ne suis pas dupe,
Que, comme tu le crois, ma réputation
Ne fait pas si grand tort à mon ambition !

ARISTON.

Tu veux perdre un festin : c'est dit, je le parie !

ALCIBIADE.

Tu sauras, dès ce soir, ce que vaut ta patrie :
D'avance j'ai gagné.

ARISTON.

C'est ce que nous verrons.

ALCIBIADE.

Va , les Athéniens, ce sont des moucherons
Qui s'en vont se brûler les doigts à tout prestige ,
Et dont je ris , avant qu'un jour je les corrige !

CLINÉAS.

Si , pourtant , c'est possible.

ALCIBIADE.

Ah ! j'en doute , en effet.

LAYS.

Que vas-tu faire , ami ?

ALCIBIADE.

Ceci, c'est mon secret. —
Esclave !

L'ESCLAVE.

Maître? —

ALCIBIADE, après lui avoir parlé bas.

Allez !

PHRYNÉ.

Dieux ! que j'ai donc envie
De savoir ton moyen , pour qu'Athènes ravie
Ne songe pas du tout à toi, pendant huit jours !

ALCIBIADE.

Tu le sauras bientôt.

LAYS.

Va ! dis-nous le toujours ,

Pour voir s'il doit vraiment réussir ?

ALCIBIADE.

Je refuse.

CLINÉAS.

Il faudra, par Jupin ! que ce moyen l'amuse
Horriblement !

ALCIBIADE.

Eh , bien ! crois qu'il l'amusera.

CLINÉAS.

Moi , je n'en doute pas.

ARISTON.

Enfin , on le verra.

PROCLÈS.

Mais je ne puis rester avec vous davantage ;
Car je plaide aujourd'hui devant l'aréopage.

CLINÉAS.

Eh ! mon cher Marsyas , as-tu bien déjeuné ?

MARSYAS.

Oui.

CLINÉAS.

Viens donc voir alors le portrait de Phryné ?

MARSYAS.

Je te suis , Clinéas.

PHRYNÉ.

Quelle chance soudaine! —
Tu dîneras ici la semaine prochaine,
Ou bien chez Ariston , grâce à ce bon pari :
Vas-tu , pendant huit jours , être donc bien nourri !

MARSYAS.

Oui, je l'avoue.

PROCLÈS.

Adieu, seigneur Alcibiade.

ALCIBIADE.

Adieu, Proclès.

ARISTON.

Je vais faire une promenade
Dans Athènes, pour voir de ton bon tour l'effet.

ALCIBIADE.

Tu le verras sans doute, Ariston : il est fait.

PHRYNÉ.

Adieu, Lays.

LAYS.

Adieu, Phryné.

ALCIBIADE.

Salut, ma belle ! —
Que le cher Clinéas à ton cœur soit fidèle !

PHRYNÉ.

S'il me trompait, seigneur, je saurais à l'instant
M'en venger.

ALCIBIADE.

Comment donc ?

PHRYNÉ.

Mais en le lui rendant.

ALCIBIADE.

Bien répondu, Phryné ! —

(Bruit au fond.)
Qu'est-ce ?

LAÏS.

Je crois entendre
Socrate.

CLINÉAS.

C'est lui-même.

Tous les convives qui avaient remonté le théâtre, comme pour sortir
le redescendent avec Socrate.

SCÈNE XI.

LES MÊMES, SOCRATE.

SOCRATE.

Ah ! que viens-je d'apprendre ,
Ami ? — Qui m'aurait dit que tu fusses cruel ? —
Aurais-tu, par hasard , cru très-spirituel
De faire promener mutilé par la ville,
Pour amuser un jour sa populace vile,
Ton pauvre chien Syphax ? Ou bien aurait-il fait ,
Ce que je ne crois pas, quelqu'éclatant méfait
Dont il serait puni ? — Tu ne sais que répondre ?
C'est que ma voix sans doute ici vient te confondre !

CLINÉAS.

Mais de quoi donc, Socrate, es-tu si courroucé ?

SOCRATE.

Ignorez-vous donc tous son acte d'insensé ? —
Il a coupé la queue à Syphax. Par Athène,
Un esclave, depuis une heure, le promène,
Suivi d'une cohue énorme de badauds
Que cet événement intrigue au mieux , les sots !

LAÏS.

O Dieux !

PHRYNÉ, riant.

Quelle aventure ! ah ! ah !

CLINÉAS.

Dis-tu vrai ?

SOCRATE.

Songe
Que ma bouche toujours détesta le mensonge.

CLINÉAS.

Vite, puisqu'il dit vrai, courons voir, par Ajax !
La mine que peut faire ainsi le bon Syphax
Sans queue, et poursuivi d'une foule semblable !

(Ils sortent.)

SCÈNE XII.

SOCRATE, LAYS, ALCIBIADE.

SOCRATE.

Que ne les suis-tu donc ?

ALCIBIADE.

Quand je serais coupable,
Tu n'aurais pas raison de m'accabler ainsi,
Socrate !

SOCRATE.

Ah ! je devrais, à ton cœur endurci,
Céder comme toujours peut-être, et de mon blâme
T'épargner l'éclat ? — Non ; la colère m'enflamme ! —
Je veux te dire enfin ce que j'ai sur le cœur ;
Car, au lieu de m'aimer, tu fais mon déshonneur,
Car tu méprises tout, jusqu'à ma tolérance. —
Ah ! j'avais mis en toi ma meilleure espérance ;
Autant que toi, jamais je n'ai chéri Platon
Et je voulais te faire un jour placer ton nom

Parmi les plus grands noms et de Sparte, et d'Athènes ! —
Comment sais-tu répondre à mes soins, à mes peines ? —
Tu passes en débauche et le jour, et la nuit,
T'usant l'âme et le corps ; tu ne vis que de bruit ;
Tu promettais d'avoir une vie estimée,
Et tu t'es fait la plus hideuse renommée ! —
Oh ! l'on cite ton nom, mais c'est pour le honnir ! —
Oui, tu réussiras à te faire bannir,
Non comme Thémistocle ou bien comme Aristide :
En toi, l'on bannira l'impie et l'homme avide
De scandales toujours nouveaux, toujours plus grands !

ALCIBIADE, avec ironie.

Tu me prédis le sort des héros conquérants,
Dangereux pour le peuple, et d'un homme trop juste ;
Eh, bien ! en vérité, c'est un destin auguste,
Et qui, certes, convient à mon ambition :
Chacun fait comme il peut sa réputation !

SOCRATE.

A tes méfaits, tu viens encor joindre l'audace !

LAYS, s'interposant.

Oh ! ne l'irrite pas ! — Son cœur n'est pas de glace :
Parle-lui doucement et tu l'adouciras !

SOCRATE

L'espères-tu, Lays ? Moi, je ne le crois pas ;
Car voilà si long-temps qu'il manque à sa promesse.

LAYS.

Socrate, attends encor : le jour de la sagesse
Est peut-être à présent plus près que tu ne crois.

SOCRATE.

J'espèrerai, Lays, si tu veux, à ma voix,

Joindre la tienne ? —

(à Alcibiade.)

Ami , je viens d'être trop brusque ,
Et comme je crois voir que ton cœur s'en offusque ,
Je dois t'en demander pardon !

ALCIBIADE, un peu ému.

Non, c'est fini. —
Je suis un scélérat , indigne d'être uni
Désormais avec toi d'une affection sainte !...
Tu dois m'abandonner ; car j'aurais trop de crainte
De t'entraîner un jour dans mon infâme exil !...

SOCRATE.

Alcibiade ! ami !

ALCIBIADE , de même.

Je suis un homme vil,
Dont l'amitié sans doute est une flétrissure :
Pourquoi la rechercher ?

SOCRATE.

Ah ! comble la mesure ,
Accable-moi, pourvu que tu me sois rendu !

LAYS.

Ecoute donc sa voix chère ! — C'est la vertu
Qui t'exhorte à l'aimer , en parlant par sa bouche :
Ah ! peux-tu bien contre elle ainsi rester farouche ?

SOCRATE.

Au nom de l'amitié !

LAYS.

Comme au nom de l'amour !

SOCRATE.

Nous t'implorons tous deux , tu le vois , tour-à-tour

ALCIBIADE, *cédant.*
C'est ce maudit repas qui m'a rendu féroce !

SOCRATE, *avec joie.*
Enfin, je te retrouve !

ALCIBIADE.
Oui ; cette farce atroce
Est l'inspiration des propos et du vin. —
Ah ! que ne restais-tu, Socrate, à ce festin !

SOCRATE, *souriant.*
Pour me griser !

LAYS.
Crois-moi, Socrate, tout le crime
Vient de ce qu'à parler, comme à boire, ou s'escrime :
Le vin l'a fait tenir un odieux pari.

ALCIBIADE.
Il te fallait rester : nous n'aurions pas tant ri ;
Tu m'aurais contenu, maître, par ta présence.

SOCRATE.
Loin de moi, n'as-tu pas, ami, ta conscience ?

ALCIBIADE.
La conscience ! — Hélas ! ce n'est jamais assez
Pour un fou comme moi !...

SCÈNE XIII.

LES MÊMES, PHRYNÉ.

PHRYNÉ.
Que je ris ! Quel succès ! —
Je ne crois pas qu'Athène ait gardé la mémoire,
Depuis ses plus vieux rois, d'une aussi bonne histoire !

LAYS.

Ah ! de quoi ris-tu donc, Phryné ?

PHRYNÉ

    Mais de son chien ! —
Oh ! comme tu connais le peuple Athénien ! —
Non, je n'ai jamais vu de pareille cohue :
Autour de ton Syphax, toute Athènes se rue,
Tant que nos ennemis pourraient, sans nul effort,
S'ils étaient avertis, surprendre notre port ! —
On ne trouverait pas, pour s'écrier : alarme !
Un seul Athénien : ils sont tous sous le charme ! —
Ariston a perdu sans contredit.

ALCIBIADE.

    Vraiment?

PHRYNÉ.

Oui, je le parierais.

ALCIBIADE.

    Ainsi, le châtiment
De perdre, que si bien ma cruauté mérite,
Ne me frappera pas ! — Leur sottise m'irrite,
Et je voudrais pouvoir m'en venger !

PHRYNÉ.

    Pourquoi donc ? —
C'est vrai, tu ne ris pas, ami. — Par Cupidon !
Moi, je trouve, pourtant, ton idée excellente.

LAYS.

Et lui, Phryné, la trouve à présent bien méchante.

PHRYNÉ.

Je te demande alors pardon d'avoir tant ri. —
Je l'oubliais : Syphax était son favori

Et le tien, Lays. — Où donc avais-je la tête
Que j'ai ri sans pitié de cette pauvre bête ?

ALCIBIADE.

Merci ! — Je connaissais, Phryné, ton brave cœur !

SCÈNE XIV.

LES MÊMES, CLINÉAS.

Par Jupiter ! Voilà le tour le plus moqueur
Qu'ait vu, depuis long-temps, Athènes la divine ! —
Non, va, tu ne saurais t'imaginer la mine
Que fait le beau Syphax, et les nombreux propos
Que son malheur amène à l'esprit des badauds ! —
Ils en ont pour huit jours, rien n'est plus manifeste.

ALCIBIADE.

Ah ! tais-toi, je t'en prie, ami ! —

(à part.)
Pari funeste !

CLINÉAS.

Mais qui t'a donc si vite ainsi changé l'esprit ?

ALCIBIADE.

Ma folle cruauté, dont tout le monde rit,
Et dont, moi, de pleurer ici j'ai presqu'envie !...

SCÈNE XV.

LES MÊMES, PROCLÈS.

PROCLÈS.

On ne voit de ces tours qu'une fois en sa vie ! —
Je vous quittais, seigneurs, croyant aller plaider :
Un instant a suffi pour me dissuader.
Quand je suis arrivé, tout notre aréopage

Riait à se tenir les côtés, et je gage
Que ce plaisant accès demain n'aura pas fui.

ALCIBIADE.

Athènes tout entière est donc folle aujourd'hui !

PROCLÈS.

Dis mieux, par Jupiter ! dis qu'elle est toujours folle !

ALCIBIADE.

Que je te connaissais, ô ville si frivole,
Et que je méprisais le peuple athénien,
Quand je l'ai fait courir après mon pauvre chien ! —
Va ! d'un chien mutilé reste un jour occupée,
Et ma prédiction ne sera pas trompée ! —
Tu serviras de proie à quelqu'ambitieux,
Qui saura te mâter sous un joug odieux ;
Car tu n'auras jamais assez de vigilance
Pour rester long-temps libre !

CLINÉAS, bas à Proclès.

Il est triste : silence !

SOCRATE.

Ami, reviens à toi ! ne perds pas tout espoir !

ALCIBIADE.

Oh ! les Athéniens ! — Désormais, un pouvoir
De fer conviendrait seul à ce peuple incurable !

SCÈNE XVI.

LES MÊMES, MARSYAS.

MARSYAS.

Par Bacchus ! le bon tour ! — J'en veux faire une fable. —
« Un homme avait un chien que sa rare beauté
Avait rendu célèbre en toute la cité.

Son maître était célèbre aussi par le scandale
De trop faciles mœurs... »

CLINÉAS.

Arrive à la morale !

MARSYAS.

A la morale ? — Attends, je n'y suis pas encor.

CLINÉAS.

Non ; il faut modérer ta muse en son essor. —
Je vais t'en dire, moi, la morale secrète : —
Grâce au chien de la fable, un malheureux poète
Sut gagner un dîner, présent inattendu
Du divin Apollon, son maître.

SCÈNE XVII ET DERNIÈRE.

LES MÊMES, ARISTON.

ARISTON.

J'ai perdu ! —
J'ai vu partout ton chien vraiment faire merveilles
Que ne lui coupais-tu de plus les deux oreilles ?
Il aurait excité de bien autres transports :
On aurait ri, je pense, à réveiller les morts ! —
Merci de la leçon, mon cher Alcibiade. —
Mais qu'as-tu donc, ami ? Quel air triste et maussade !

ALCIBIADE.

Je désire, Ariston, annuler mon pari.

ARISTON.

Pourquoi donc ?

ALCIBIADE.

Il m'a fait, — sans que j'en sois aigri.
Contre toi, — mutiler mon chien le plus fidèle ;

Et je m'en voudrais trop qu'une farce cruelle,
Dont je souffre à présent, pût être le sujet
D'une joie insensée.

CLINÉAS, à Marsyas.
Ainsi, ce beau projet,
Qui te fesait dîner la semaine prochaine,
Il s'est évanoui !

ARISTON.
Non ; mon pari m'enchaîne :
Je vous invite tous à dîner pour ce soir. —
(à Alcibiade.)
Et, puisqu'à ce festin nous ne pouvons t'avoir,
Pour demain, — avec vous, amis — je te convie !

ALCIBIADE.
Je refuse, Ariston : d'une nouvelle vie,
Aujourd'hui, grâce à toi, je commence le cours.

ARISTON.
En nous quittant, dis-moi, quittes-tu tes amours ?

ALCIBIADE.
Oh ! non ; car ma Lays, aussi belle que bonne,
M'a trop bien soutenu pour que je l'abandonne !

ARISTON.
Tant-pis ! — J'aurais tâché de me gagner son cœur.

PHRYNÉ.
Sois heureuse, Lays, puisque de ce bonheur
Ton cœur est digne !

CLINÉAS, avec une légère ironie.
Amis, faisons quelques réformes,
Comme lui, dans nos mœurs hélas ! non moins difformes ?

MARSYAS.

Oui, si nous buvions tous au fleuve de l'oubli ?

ARISTON.

Ah ! chez nous la folie a pris un trop grand pli ! —
Impossible !

SOCRATE.

Et, pourtant, il vous offre un exemple.

PROCLÈS.

Qu'avec envie ici chacun de nous contemple ;
Mais que nous trouvons tous aussi vraiment trop beau,
Pour tenter de le suivre.

CLINÉAS.

Un jour, si ton cerveau
Venait à se lasser de loger la sagesse,
Parmi nous accours vite abriter ta faiblesse !

LAYS.

Oh ! il saura tenir, Clinéas, son serment !

PHRYNÉ.

De la sagesse, ami, tu n'es encor qu'amant :
A ton prompt mariage alors nous allons boire ?

MARSYAS.

Que ne puis-je déjà, seigneur, chanter ta gloire !

ARISTON.

A ton destin, c'est dit, il faut t'abandonner ?

ALCIBIADE.

Je l'ai juré !

CLINÉAS.

Sans toi, nous allons mal dîner !

ALCIBIADE.

Allez, chers compagnons ! — Je reste avec mon maître,
Avec Lays : je vais tâcher de reconnaître
L'amour et la vertu de ces cœurs généreux ! —
Soyez heureux aussi : je vous fais mes adieux !

1850.

FIN.

Savenay, Imprimerie de CHARLES ROY,

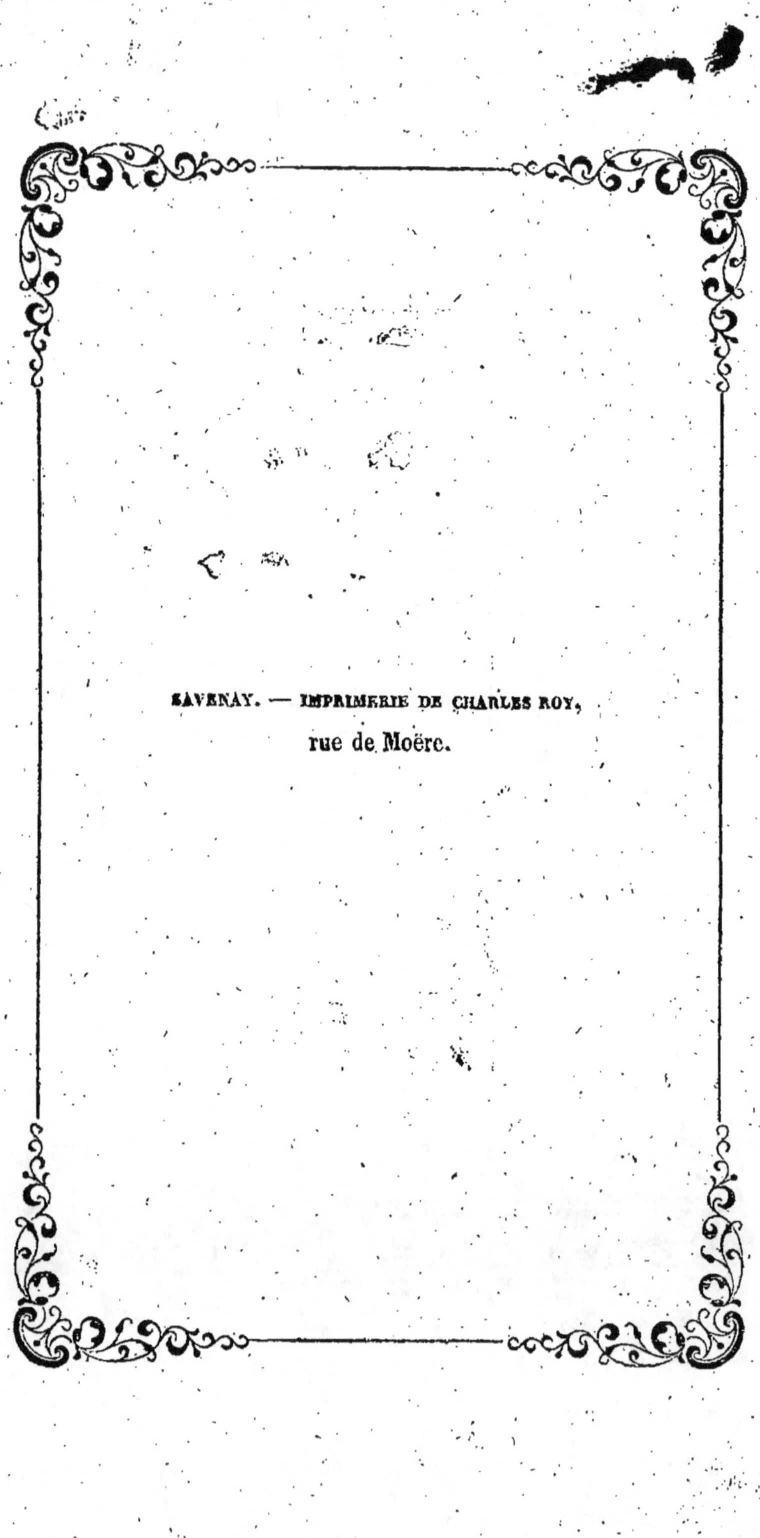

SAVENAY. — IMPRIMERIE DE CHARLES ROY,
rue de Moërc.